L'Union Latine

Franco-Américaine

sa Réalisation
son Programme

Pour tous renseignements
S'ADRESSER
18, Boulevard Montmartre, 18
PARIS

L'UNION LATINE

Franco-Américaine

L'UNION LATINE

FRANCO-AMÉRICAINE

Sa réalisation — Son programme

S'adresser pour tous renseignements :

18, BOULEVARD MONTMARTRE, 18

PARIS

TABLE

ILLUSTRATIONS

L'UNION LATINE
FRANCO-AMÉRICAINE

SA RÉALISATION — SON PROGRAMME (1)

AVANT-PROPOS

L'AMÉRIQUE LATINE A L'EXPOSITION UNIVERSELLE DE 1889

Les splendeurs et les magnificences de l'Exposition universelle de 1889 sont encore présentes à tous les esprits.

Qui n'a gardé le merveilleux souvenir de ces

(1) Cette fusion des intérêts français et américains est actuellement représentée à Paris par une Société d'études économiques, industrielles et commerciales, sous le titre de *l'Union Latine Franco-Américaine* (Société anonyme au capital de 1,200,000 francs), boulevard Montmartre, nº 18.

Son Conseil d'administration est ainsi composé :

Président: S. DE HÉRÉDIA, ancien Ministre des Travaux publics.

Vice-Président : RAFAEL ZALDIVAR, ancien Président de la République du Salvador.

Secrétaire : ANDRÉ BRESSON, ingénieur explorateur, Consul de Bolivie à Paris.

Membres : HENRI FERNOUX, architecte, ancien adjoint au maire du IIIe arrondissement de Paris; CHARLES FONTAINAS, avocat; MARIUS HURARD, négociant, Député de la Martinique; AUGUSTE LE BRUN, Ministre plénipotentiaire, ancien Agent consulaire et diplomatique de France dans les Républiques américaines; CHARLES MEUNIER, manufacturier.

Administrateur délégué : JULES GAFFRÉ, négociant.

riches et élégants palais, sortis du sol comme une féerie vivante, et couverts joyeusement, en plein Champ-de-Mars, des drapeaux multicolores des États Sud-Américains?

République Argentine, Bolivie, Brésil, Chili, Colombie, Costa-Rica, Saint-Domingue, Équateur, Guatemala, Haïti, Honduras, Mexique, Nicaragua, Paraguay, Pérou, Salvador, Uruguay, Venezuela, tous étaient représentés.

La pléiade entière de l'Amérique latine, jeune, active, laborieuse, avait voulu affirmer sa puissante virilité et étaler à profusion, aux yeux de l'univers réuni, l'incomparable variété de ses richesses artistiques, agricoles et industrielles.

Cette manifestation toute spontanée a été d'autant plus remarquée qu'en elle se résumaient les seules adhésions officielles parvenues au Gouvernement de la République française.

De là, des liens indissolubles d'amitié entre la France et les Républiques latino-américaines.

Depuis longtemps, d'ailleurs, des témoignages particuliers de sympathies communes avaient été échangés entre les plus hautes personnalités des deux continents. Il n'en pouvait être autrement. N'existe-t-il pas, entre la France et tous ces jeunes États, des affinités de sang, d'esprit et de traditions? Les mêmes aspirations politiques, la même ardeur aux conquêtes de toutes les libertés, n'ontelles pas cimenté à tout jamais l'union entre ces races également généreuses?

En attendant, les mêmes préoccupations d'ordre matériel ne les poussent-elles pas fatalement à se liguer contre les accaparements égoïstes des Yankees du Nord? Fédération gigantesque de tout un monde nouveau, ardemment résolu à engager la bataille industrielle et commerciale sur tous les marchés du monde!

Cette union fraternelle, restée jusqu'ici dans le domaine purement théorique, vient de s'affirmer par un acte qui fait le plus grand honneur à l'intelligente initiative de quelques hommes.

Le 4 septembre 1890 a été régulièrement constituée, à Paris, une Société d'études économiques, industrielles et commerciales, qui a pris pour titre : UNION LATINE FRANCO-AMÉRICAINE.

Avant de faire connaître, par le détail, le but patriotique et utilitaire poursuivi par ses fondateurs, il nous paraît intéressant d'exposer, dans un rapide historique, les phases diverses que cette Société nouvelle a traversées avant sa constitution définitive.

I

HISTOIRE DES ASSOCIATIONS CRÉÉES A PARIS PAR LES HISPANO-AMÉRICAINS. — PREMIÈRE SOCIÉTÉ LIBRE A COTISATIONS VOLONTAIRES : *UNION LATINO-AMÉRICAINE DE PARIS*. — M. F. DE LESSEPS, PRÉSIDENT (SEPTEMBRE 1887 A JUILLET 1888).

C'est le 6 septembre 1887 que, pour la première fois, quelques Américanistes militants, reprenant l'idée émise, plusieurs années auparavant, par M. Torrès-Caicedo, Ministre du Salvador et membre de l'Institut, se réunissaient à Paris sous la présidence de Don Carlos Holguin, alors Ministre de Colombie, aujourd'hui Président *ad interim* de cette République, à l'effet de fonder une Association ayant pour objet de créer entre les Hispano-Américains, en résidence ou de passage à Paris, des relations intimes et suivies.

Après de longues délibérations, et après diverses réunions dans les bureaux de la *Revue Diplomatique*, un acte de constitution sous le titre de *Société de l'Union Latino-Américaine de Paris* fut rédigé et signé.

Cet acte était ainsi libellé :

« Les soussignés, réunis dans la salle de la *Bibliothèque Bolivar*, 21, rue de Grammont, déclarent vouloir former entre eux et les personnes adhérentes une Société ayant pour objet de contribuer, de la manière la plus efficace, à la prospérité des peuples latins des deux hémisphères, travaillant à leur union sur le terrain social et économique, conformément aux statuts qui leur seront présentés à la première réunion par S. E. Don Carlos Holguin, ou substitués, ainsi qu'il en a été décidé ce jourd'hui, dans la séance de constitution. »

Paris, ce 6 septembre 1887.

Carlos Holguin, Ministre de Colombie. — **Bresson** (André), ingénieur explorateur, Consul de Bolivie. — **Conin**, architecte. — **Gœnaga** (Ramon), Consul de Colombie. — **Isaac del Castillo**, négociant exportateur. — **Labarrière**, délégué de Veraguas (État de Panama). — **Meulemans** (Auguste), ancien Consul général. — **Palacios** (Enrique), Consul général de Costa-Rica. — **Raqueni**, directeur de « l'Étendard ». — **Saint-Bris-Musset**, jurisconsulte. — **Thoret** (Gaston), négociant commissionnaire.

M. Carlos Holguin ayant quitté Paris, MM. Bresson et Labarrière sollicitèrent M. Ferdinand de Lesseps de vouloir bien accepter la présidence de la Société naissante, et, le 5 janvier 1888, une réunion eut lieu dans le cabinet du Président-Directeur des Cies de Suez et Panama, à l'effet d'approuver les statuts de l'Association.

Sur la proposition de M. de Lesseps, il fut décidé que, jusqu'à la prochaine Assemblée générale, le Bureau serait ainsi composé :

Président :

M. Ferdinand de Lesseps.

Vice-Présidents :

MM. André Bresson, Consul de Bolivie.
Enrique Palacios, Consul général de Costa-Rica.

Secrétaires :

MM. Auguste Meulemans, Secrétaire de légation et publiciste.
Alphonse L. Pinart, explorateur et publiciste.

Trésorier :

M. Isaac del Castillo.

Les statuts furent revêtus de la signature des membres fondateurs. Immédiatement arrivèrent des adhésions qui portèrent le nombre des signataires à quarante-quatre. Nous relevons les noms suivants :

MM. **Ferdinand de Lesseps. — A. Bresson. — E. Palacios. — A. Meulemans. — A. Pinart. — Isaac del Castillo. — C. Flammarion. — Bartholdi. — Dietz-Monnin. — Jules Thiessé. — S. Varadie. — J. Duprat.** — Baron **de Cambourg. — E. Pector. — R. Garcia. — Gauthiot. — Lourdelet. — E. Denné. — A. Peghoux. — Saint-Bris-Musset. — A. Gromier.** — Général **Turr. — L. Meunier. — Em. Daireaux. — E. Levasseur. — Saint-Pol-Lias.** — Baron **Gotskowski. — D. Charnay. — A. Petit-didier. — Ed. Montagne.** — Comte **de Artola. — Labarrière.**

En tête des statuts, il était dit que, pour mieux resserrer les liens existant entre les nations latines des deux mondes, une Société se constituait avec mission de favoriser les relations commerciales et industrielles de la France avec les États latins des Amériques équatoriale, centrale et australe.

Le Bureau une fois constitué, il fut décidé que l'organe de la Société serait la *Revue Diplomatique, moniteur des Consulats*. On fixa le siège provisoire de la Société rue de Lafayette, n° 1.

II

PRÉSIDENCE DE M. S. DE HÉRÉDIA (JUILLET 1888)

Le 26 juillet 1888, la Société de l'*Union Latino-Américaine* faisait une importante recrue dans la personne de M. S. de Hérédia, Député de Paris, ancien Ministre des Travaux publics.

Cubain de naissance, M. S. de Hérédia était, par son origine même, le trait d'union naturel qui devait définitivement rapprocher, dans un pacte d'amitié, Français et Hispano-Américains.

Ses brillantes qualités de travailleur opiniâtre et d'organisateur méthodique, son activité incessamment mise au service des idées généreuses, devaient puissamment contribuer au succès définitif de la constitution de la nouvelle Société.

A la date que nous venons d'indiquer eut lieu, au siège social, une Assemblée générale sous la présidence du général Posada, qui nomma, pour une année, le Bureau suivant :

Président d'honneur :

M. Ferdinand de Lesseps.

Président :

M. S. de Hérédia, Député, ancien Ministre.

Vice-Présidents :

MM. le Colonel Diaz, Ministre de l'Uruguay.
Ramon Fernandez, Ministre du Mexique.
Crisanto Medina, Ministre du Guatemala.
Général Posada, Ministre de Colombie.
Jules Thiessé, Député, ancien Envoyé extraordinaire de France au Venezuela.
Général Turr, Administrateur de la Cie du Canal interocéanique de Panama.
Eugène Pector, Consul général de Salvador.
Arthur Petitdidier, Consul général de Nicaragua.
André Bresson, ingénieur explorateur, Consul de Bolivie à Paris.

Secrétaire général :

M. Meulemans, ancien Consul général, directeur de la *Revue Diplomatique*.

Secrétaires :

MM. ISAAC DEL CASTILLO.
Vicomte de CHASTEIGNER.
DENÉE, éditeur.
Baron GOTSKOWSKI, directeur du *Nouveau-Monde.*
MONTAGNE, administrateur délégué de la Société des Gens de Lettres.
PINART, explorateur.
Baron SALVADOR, publiciste.

Cette Assemblée décida, par une résolution spéciale, que tous pouvoirs étaient donnés à son Président, M. S. de Hérédia, pour mener à bien les négociations nécessaires à l'organisation légale de l'Association.

III

SECONDE ASSOCIATION LIBRE ET A COTISATIONS VOLONTAIRES : *UNION LATINE FRANCO-AMÉRICAINE.* — SES NOUVEAUX MEMBRES. — (1888-1889) PRÉSIDENCE DE M. S. DE HÉRÉDIA.

Une importante Assemblée générale, qui eut lieu quatre mois après, le 23 novembre 1888, décida de constituer une Société nouvelle sous le titre nouveau de : UNION LATINE FRANCO-AMÉRICAINE.

M. de Lesseps, en effet, absorbé par les difficultés que traversait alors la Compagnie de Panama, déclinait toutes fonctions. D'autre part, quelques-uns des membres du Bureau avaient quitté la France ; d'autres étaient démissionnaires.

On procéda alors à l'élection du Comité directeur, qui fut ainsi composé :

MM. Almeda (baron de), Ministre de la République Dominicaine.
Arinos (baron de), Ministre du Brésil.
Barbe, Député, ancien Ministre de l'Agriculture.
Bétancès (docteur), ancien Secrétaire de Légation.
Bresson (André), Ingénieur explorateur, Consul de Bolivie à Paris.
Cadiot, Ingénieur, Consul du Paraguay.
Candamo, Ministre du Pérou.
Diaz (colonel), Ministre de l'Uruguay.
Diaz-Covarrubias, Consul général du Mexique.
Fernandez (Ramon), Ministre du Mexique.
Gaffré (Jules), Négociant-Fabricant.
Gaubert, Consul général du Honduras.
Gotskowski (baron), Dir. du *Nouveau-Monde*.
Guzman-Blanco, ancien Président du Venezuela.
Hérédia (S. de), Député de Paris, ancien Ministre des Travaux publics.
Hurard, Député de la Martinique.

MM. Laforesterie, Ministre de Haïti.

Lesseps (comte Ferdinand de).

Mazewski (comte de), Chef de Division au Crédit Foncier de France.

Medina (Crisanto), Ministre du Guatemala.

Meulemans (Auguste), ancien Consul général, Secrétaire de Légation honoraire, Directeur de la *Revue Diplomatique*.

Meunier (Charles), Négociant-Fabricant.

Mimiaga (Diaz), Commissaire général du Mexique.

Musset-Saint-Bris, Jurisconsulte.

Para (Antonio), Consul général du Venezuela.

Pector (Eugène), Consul général du Salvador.

Petitdidier (Arthur), Consul général du Nicaragua.

Posada (général), Ministre de Colombie.

Prévet, Député, Commissaire général de la France à l'Exposition de Barcelone.

Salvador (baron), Secrétaire de Légation.

Soto (docteur), ancien Président du Honduras.

de Santa-Anna-Néry, Président du Comité d'études franco-brésiliennes.

Sarlat, Député de la Guadeloupe.

Turr (général), Administrateur de la Cie de Panama.

Zaldivar (Rafael), ancien Président du Salvador.

Immédiatement, dans la même séance, le Comité directeur délégua ses pouvoirs à un Bureau, ainsi composé :

Président :

M. S. de Hérédia, ancien Ministre.

Vice-Présidents :

MM. le baron de Arinos, Ministre du Brésil.
le colonel Diaz, Ministre de l'Uruguay.
Ramon Fernandez, Ministre du Mexique.
le général Guzman-Blanco, ancien Président, Ministre du Venezuela.
Crisanto Medina, Ministre du Guatemala.
le général Posada, Ministre de Colombie.

Secrétaires :

MM. le baron Gotskoswki, Publiciste.
le comte de Mazewski, Président du Comptoir de Paris et des Colonies.
Eugène Pector, Consul général du Salvador.
Arthur Petitdidier, Consul général du Nicaragua.
le baron Salvador, Publiciste.
Sarlat, Député de la Guadeloupe.

Secrétaire général :

M. A. Meulemans, Publiciste.

Trésorier :

M. A. Bresson, Consul de Bolivie.

La Société l'*Union Latine Franco-Américaine* comptait à ce moment un nombre considérable d'adhérents dispersés sur toute la surface du continent américain.

Pendant toute l'année 1889, année mémorable qui mit en relief l'activité laborieuse et les fécondes ressources industrielles des États hispano-américains, les efforts des premiers jours furent continués plus énergiquement que jamais. MM. de Hérédia, Bresson, Meulemans, etc., etc., se multiplièrent.

Les adhésions arrivèrent de toutes parts à la jeune Association.

IV

DEMANDE OFFICIELLE DE CRÉATION D'UN GRAND CERCLE LATINO-AMÉRICAIN A PARIS (1889)

Un des procédés qui semblèrent le plus efficaces pour réaliser l'accord tant cherché et si universellement désiré fut la création à Paris, sur le modèle des Clubs américains et anglais, d'un grand Cercle destiné à grouper toutes les forces vives des pays latins.

Une démarche de la plus haute importance fut faite précisément, à ce moment, par les représentants les plus éminents des Républiques latino-américaines.

Une demande officielle, pour la création d'un Cercle, fut directement adressée par eux à M. le Ministre des Affaires étrangères.

Voici le texte authentique de cette demande :

« Monsieur le Ministre,

» La France a toutes nos sympathies. Nous
» croyons lui en donner, en ce moment même, à
» l'Exposition de 1889, le témoignage le plus écla-
» tant.

» Nos amis d'outre-mer s'apprêtent à venir en
» foule visiter les merveilles étalées dans le Champ
» de Mars, aux yeux du monde entier.

» D'autre part, la colonie sédentaire brésilienne
» et hispano-américaine devient de plus en plus
» nombreuse à Paris.

» Nos relations communes se multiplient donc
» de jour en jour.

» Notre vœu le plus ardent est de voir des
» ententes encore plus intimes s'établir entre vos
» nationaux et les nôtres.

» Nous avons encouragé, à cet effet, la création
» d'une nouvelle Association dite « *l'Union Latine*
» *Franco-Américaine* » qui se propose, par des Con-
» férences, des Fêtes, des Expositions artistiques et

» industrielles, de consacrer sur le terrain économique ces accords devenus nécessaires.

» Mais nous estimons qu'un centre commun » d'action est indispensable pour l'œuvre com» mencée.

» Nos amis sollicitent notre concours pour la » constitution, au cœur de Paris, d'un Cercle » convenablement installé, à l'usage des hommes » éminents des deux Mondes, qui pourront s'y » donner librement rendez-vous pendant l'Exposi» tion et après les solennités de cette année mémo» rable.

» Ce Cercle serait administré comme le Jockey» Club, c'est-à-dire par les sociétaires eux-mêmes, » en dehors de toute ingérence étrangère, et dans » les conditions de recrutement les plus sévères.

» Tous les excédents de recettes seront consa» crés exclusivement à subventionner des créations » d'ordre public, des institutions d'intérêt général, » telles que de grands Musées commerciaux, des » Bibliothèques spéciales, comme la BIBLIOTHÈQUE » BOLIVAR que nous avons déjà créée, des Exposi» tions artistiques internationales, des voyages » professionnels à prix réduits, dans nos pays » respectifs, etc.

» Nous n'hésitons pas à approuver pleinement » un pareil projet et à lui accorder notre haut » patronage.

» Nous vous prions donc, Monsieur le Ministre, » de vouloir bien transmettre notre demande d'au-

» torisation à Son Excellence Monsieur le Ministre
» de l'Intérieur.

» Le Président que nous avons choisi pour notre
» nouvelle Société « *l'Union Latine Franco-Amé-*
» *ricaine* », M. S. de Hérédia, fournira tous les
» renseignements voulus à l'honorable Ministre.
» Nous lui donnons les pouvoirs les plus étendus
» pour résoudre, d'accord avec l'Administration,
» les détails de l'organisation nouvelle.

» L'intervention de Votre Excellence nous sera
» particulièrement précieuse. Vous savez mieux
» que personne quels intérêts supérieurs, quel
» idéal commun de Justice et de Liberté nous
» entendons servir, lorsque nous cherchons à
» resserrer les liens qui nous unissent à la France.

» Veuillez agréer, Monsieur le Ministre, l'assu-
» rance de notre haute considération. »

Ont signé :

MM. Pellegrini, Vice-Président de la République Argentine.

Ramon Fernandez, Envoyé extraordinaire et Ministre plénipotentiaire du Mexique.

Crisanto Medina, Envoyé extraordinaire et Ministre plénipotentiaire du Guatemala.

A. Soto, ancien Président de la République de Honduras.

Alexandro Posada, Envoyé extraordinaire et Ministre plénipotentiaire de Colombie.

MM. Francisco Medina, Envoyé extraordinaire et Ministre plénipotentiaire du Nicaragua.

Juan J. Diaz, Envoyé extraordinaire et Ministre plénipotentiaire de l'Uruguay.

Emmanuel de Almeda, Envoyé extraordinaire et Ministre plénipotentiaire de la République Dominicaine.

V

PÉRIODE DE 1889-1890

Le 18 décembre 1889, une nouvelle Assemblée générale de l'*Union Latine Franco-Américaine* se réunissait, et, considérant que le départ de plusieurs de ses membres pour différentes missions diplomatiques nécessitait le renouvellement partiel de son Bureau, décidait en même temps de porter le nombre de ses membres à dix-neuf.

Le Bureau pour l'année 1890 fut élu comme suit :

Président :

M. S. de Hérédia, ancien Ministre.

Vice-Présidents :

MM. le baron de Almeda, Ministre de la République Dominicaine à Paris.

MM. le colonel DIAZ, Ministre de l'Uruguay à Madrid.
RAMON FERNANDEZ, Ministre du Mexique.
LINDORO FORTEZA, Ministre de l'Uruguay à Paris.
CRISANTO MEDINA, Ministre du Guatemala.
FRANCISCO MEDINA, Ministre du Nicaragua.
le général POSADA, Ministre de Colombie.
MODESTO URBANEJA, Ministre du Venezuela.

Secrétaires :

MM. CHARLES CADIOT, Consul du Paraguay.
le baron GOTSKOWSKI, Publiciste.
MARIUS HURARD, Député de la Martinique.
MEULEMANS, Publiciste, ancien Consul général.
EUGÈNE PECTOR, Consul général du Salvador.
A. PETITDIDIER, Consul général du Nicaragua.
le baron SALVADOR, Secrétaire de Légation.
DE SANTA-ANNA-NÉRY, Publiciste brésilien.

Secrétaire général :

M. le Consul BRESSON.

Trésorier :

M. le comte de MAZEWSKI.

Les sociétaires persévéraient plus que jamais dans la résolution de constituer au plus tôt de sérieuses ressources pour l'application de leur programme économique international. Ils insistaient aussi sur la nécessité d'organiser un grand Cercle, s'appuyant sur l'initiative prise auprès du Ministre français des Affaires étrangères, comme on l'a vu plus haut.

Le 10 février 1890, réunis chez M. le docteur Bétancès, les Sociétaires votaient à l'unanimité la déclaration suivante :

« Les membres de l'*Union Latine Franco-Américaine*, réunis le 10 février 1890 dans l'hôtel du docteur Bétancès, forts du patronage et de l'appui des représentants diplomatiques des Républiques américaines ;

» Se déclarent plus décidés que jamais à continuer leur propagande patriotique en faveur d'une entente cordiale entre les peuples de race latine :

» Constatent la nécessité d'appliquer plus énergiquement que jamais un programme sérieux d'action économique, industrielle et internationale, en faisant appel à toutes les initiatives et à tous les Gouvernements des États intéressés ;

» Affirment qu'ils sont prêts à tous les sacrifices pour réunir à cet effet les ressources nécessaires ;

» Et invitent le Bureau de l'Association à procéder à une prompte organisation — sur le modèle des grands Clubs similaires d'Angleterre et d'Amérique — d'un Cercle qui devra servir de centre de réunion aux membres de l'Union Latine et à la Colonie américaine en résidence à Paris. »

La netteté et la vigueur des termes de cette déclaration eurent aussitôt un grand retentissement dans les Républiques d'Amérique, et parmi les Français amis de l'union des deux Mondes latins.

La campagne, menée avec un généreux entrain, ne tarda pas à atteindre le but poursuivi avec tant de persévérance.

VI

TRANSFORMATION DE L'ASSOCIATION LIBRE EN SOCIÉTÉ ANONYME AU CAPITAL DE 1,200,000 FRANCS. — SON PROGRAMME ÉCONOMIQUE (1890).

Le 4 septembre 1890, un capital de UN MILLION DEUX CENT MILLE francs était réuni. La Société se donnait des statuts définitifs et se transformait en Société anonyme.

Fidèle au programme qu'elle a constamment poursuivi, elle a pour principal objectif de créer entre les Français et les Latins d'Amérique des relations intimes, fondées sur la communauté des origines, des traditions et des intérêts.

La Société se propose :

1° De propager en France par des conférences, des publications et des congrès, les notions les plus exactes sur les États latins d'Amérique ;

2° D'organiser, tant à Paris qu'en Amérique, des Expositions géographiques, artistiques et industrielles, des voyages d'exploration et d'études, des musées commerciaux, des bibliothèques, des institutions scientifiques, économiques et littéraires;

3° De constituer, avec la collaboration des spécialistes les plus compétents, des Comités d'études où seront examinés tous projets de grandes entreprises et de grands travaux intéressant l'Amérique latine (chemins de fer, canaux, mines, ports, etc.);

4° De réaliser, avec le concours de divers grands établissements de crédit, toutes créations industrielles et commerciales, toutes combinaisons financières intéressant l'Amérique latine.

L'*Union Latine Franco-Américaine* constitue donc tout à la fois un grand centre d'études économiques et industrielles et une société de capitalistes appelés à seconder l'expansion tant désirée de nos relations commerciales.

Elle est certainement appelée à jouer parmi nous un rôle éminent.

Les puissantes amitiés sur lesquelles elle s'appuie, tant en France qu'en Amérique, les compétences spéciales qu'elle a su grouper autour d'elle, seront entre ses mains des armes d'une puissance incomparable.

Les hommes d'État, les financiers, les industriels trouveront chez elle des conseillers autorisés et des collaborateurs dévoués.

Elle veut servir les intérêts de tout un groupe de nations-sœurs, et, à la veille des révolutions économiques qui se préparent dans le monde entier, son programme d'études théoriques et d'applications immédiates ne peut que recevoir l'adhésion de tous les hommes avisés.

VII

TRANSFORMATION DU *GRAND CERCLE* ET *CERCLE DES ÉCHECS DE PARIS* (BOULEVARD MONTMARTRE, N° 16) A L'USAGE DE LA COLONIE BRÉSILIENNE ET HISPANO-AMÉRICAINE. — SON PROGRAMME. — SON ORGANISATION.

La Société n'a pas oublié les vœux officiellement exprimés en 1889 par les représentants autorisés des Républiques Sud-Américaines. Elle s'est préoccupée de la création à Paris d'un centre permanent de réunions utiles et de fêtes brillantes.

Elle estime qu'il lui faut, pour mener à bien son œuvre, s'assurer des concours durables, multiplier des relations indispensables, grouper, en un mot, autour de son drapeau, toute la colonie hispano-américaine et brésilienne.

Elle a été assez heureuse pour établir à cet effet une entente complète entre elle et un grand Cercle qui porte le titre de *Grand Cercle de Paris* et *Cercle des Échecs*, et dont le Président, M. Jacques Schieb, est un ancien négociant, ayant passé plus de vingt-cinq ans en Amérique.

Ce Cercle qui existe depuis 1820, c'est-à-dire depuis 70 ans, qui est régi par les statuts les plus rigoureux, et qui est composé des personnes les plus honorables, a bien voulu donner son précieux concours à l'*Union Latine Franco-Américaine.* Situé sur un de nos boulevards les plus animés et les plus vivants, il occupe, à proximité du siège social de l'*Union Latine*, un hôtel grandiose, déjà connu par ses aménagements somptueux. De luxueux agrandissements et des améliorations considérables viennent d'y être encore apportés, sous l'intelligente direction d'un architecte distingué, M. Fernoux, ancien adjoint de la 3e Mairie de Paris (1).

La pensée maîtresse des fondateurs de l'*Union Latine* et de leurs nouveaux amis du Grand Cercle se traduira par toute une organisation pratique et en quelque sorte scientifique, dont nos intérêts français pourront tirer profit.

Bien que chacune des Sociétés soit appelée à conserver son autonomie et son administration distincte, les accords les plus précis et les plus sérieux font dès maintenant du Grand Cercle un instrument fidèle de propagande pour l'*Union Latine*.

(1) Une *vue générale de la* SALLE DES FÊTES, une *vue de la* FAÇADE DE L'HÔTEL *sur le boulevard* et un PLAN GÉNÉRAL *du Grand Cercle* sont annexés plus loin.

Instrument précieux et de premier ordre!

Le Cercle constituera en effet un véritable *Salon international*, très sévèrement choisi, où les hommes les plus distingués des Républiques latines du Nouveau-Monde pourront se coudoyer fraternellement, et pourront travailler à faire mieux connaître à la France leurs aspirations généreuses.

Il vient de recevoir le baptême traditionnel que subissent tous nos grands Cercles. On lui donne déjà, dans le monde parisien, un sobriquet qui lui restera. Sobriquet glorieux entre tous!

On le nomme le *Grand Cercle des Bolivar!*

Il est de l'intérêt et de l'honneur de Paris de faire mieux ou tout au moins aussi bien que les grandes capitales de l'Europe et les villes d'Amérique, où des créations analogues se multiplient au grand profit de nos nationaux.

On sait, en effet, que tout dernièrement notre ambassadeur en Angleterre, M. Waddington, présidait, avec l'autorité qui lui appartient, à l'inauguration du *Cercle Français* de Londres, qui poursuit, par delà la Manche, la concentration de nos forces industrielles françaises.

Il y a quelques mois à peine, notre Ministre plénipotentiaire dans l'Uruguay, M. Bourcier Saint-Chaffray, énumérait dans un discours éloquent, prononcé au *Cercle Français de Montevideo*, les avantages que la France est appelée à retirer de ses relations de plus en plus étroites avec le monde latino-américain.

Plus récemment encore, la colonie française de Rome se réunissait au palais Ruspoli, pour la fondation d'un *Cercle Français*. M. Billot, ambassadeur, et le personnel de nos deux ambassades, assistaient à cette réunion. La création du Cercle est due à l'initiative des représentants de la France près du Gouvernement italien et du Saint-Siège. Grâce à elle, les éléments français épars jusqu'à présent trouveront un centre de réunions utiles.

On ne peut donc que se féliciter de voir instituer au cœur même de Paris, au profit des intérêts communs de la France et de l'Amérique latine et sur le modèle des créations que nous venons d'énumérer, un centre de travail fécond et de concorde internationale.

Le Cercle, avec ses vastes et merveilleuses installations, est destiné à devenir un véritable monument voué à la culture professionnelle, artistique et industrielle.

Des expositions y seront aménagées. On y prépare en ce moment même l'installation d'un Musée commercial, où devront successivement apparaître les échantillons les plus variés des produits exotiques.

Renseignements commerciaux et financiers, correspondances, dépêches télégraphiques, journaux des pays d'Amérique, tout sera accumulé et organisé pour le plus grand avantage des sociétaires.

On fera souvent appel à la parole autorisée de savants spéciaux qui feront, dans les salons du

Grand Cercle, d'instructives conférences. Le concours de nos diverses Sociétés géographiques et commerciales sera certainement acquis à cette œuvre de propagande.

On y organisera, dans une salle distincte et spéciale, des cours populaires de langue espagnole et portugaise, de géographie économique et commerciale, de notions industrielles, à l'usage des employés et des représentants des principales maisons d'exportation et de commission.

Enfin, dans ce même ordre d'idées pratiques et utiles, une bibliothèque de dix mille volumes sera mise à la disposition des adhérents et des visiteurs. On se propose d'y accumuler des ouvrages et des documents spéciaux (enquêtes, plans, études de travaux projetés dans les pays hispano-américains). Quant aux œuvres historiques sur ces lointaines contrées, le Comité de la bibliothèque s'inspirera du catalogue de la *Bibliothèque Bolivar*, qui figure aujourd'hui à l'Institut de France, les fondateurs en ayant fait don au Gouvernement de la République française.

Pour assurer à ces créations sérieuses une clientèle fidèle, le *Grand Cercle*, d'accord avec l'*Union Latine*, se propose d'organiser tout un programme de fêtes.

Les bals alterneront, dans ses salons, avec les concerts et les soirées littéraires. On y fera plus d'une fois appel au concours des premiers artistes de nos grandes scènes lyriques et dramatiques.

Les artistes de l'Amérique du Sud de passage à Paris y trouveront un accueil toujours empressé.

Des expositions de beaux-arts y seront également installées.

Quels résultats n'est-on pas en droit d'attendre d'une organisation qui permettra de réunir au profit de toutes les curiosités et de tous les intérêts les attraits les plus sérieux et les plaisirs les plus délicats!

VIII

OPINION DE DIVERS ORATEURS SUR LE PROGRAMME DE L'« UNION LATINE FRANCO-AMÉRICAINE »

Banquet offert à S. Exc. le colonel DIAZ, Ministre plénipotentiaire de l'Uruguay (1889). — Discours de MM. **de Hérédia**, colonel **Diaz**, baron **de Almeda**, général **Turr**, Dr **Bétancès**.

Aussi bien la Société nouvelle n'est-elle pas à ses débuts. Les hommes qui la dirigent ont eu plus d'une fois l'occasion de formuler son programme.

Qui ne se rappelle le fastueux banquet offert en 1889 au colonel Diaz, à la veille de son départ de Paris pour aller occuper le poste de Ministre plénipotentiaire de l'Uruguay à Madrid, et celui qui, en 1890, fut organisé en l'honneur de S. Exc.

Don Ramon Fernandez, Ministre plénipotentiaire du Mexique, à l'occasion de sa nomination au grade de commandeur de la Légion d'honneur?

Le premier de ces banquets, présidé par M. S. de Hérédia, comptait parmi ses invités :

MM. LEON Y CASTILLO, Ambassadeur d'Espagne; baron de ALMEDA, Ministre de la République Dominicaine; FORTEZA, Ministre de l'Uruguay; CANDAMO, Ministre du Pérou; Crisanto MEDINA, Ministre du Guatemala; A. MORENO, Ministre de Bolivie; Francisco MEDINA, Ministre du Nicaragua; AUTUÑEZ, Ministre du Chili; MATEUS, Ministre de Colombie; LE BRUN, Ministre de France en Bolivie; Georges BERGER, Directeur général de l'Exposition universelle de 1889; NOULENS, Sous-Chef de Cabinet du Ministre de l'Instruction publique; Général ROUSSEAU, Secrétaire général de la Légion d'Honneur; POIRRIER, Sénateur, Président de la Chambre de Commerce de Paris; ISAAC, Sénateur de la Guadeloupe;

Les Secrétaires de Légation : BAHIA, SANJINES, MALLARINO, GUTIERRES-PONCE, MARTINEZ, etc.;

Les Consuls généraux : PECTOR, PETITDIDIER, GAUBERT, SIMMONDS, MANZANO-TORRÈS, MANUEL ARGANDOÑA, etc.;

Les Consuls : BRESSON, CADIOT, DEVOS-MONTBRIAL, ROSSEL-RUIS, VERCHERIN, SERINDAT DE BELZIM, etc.;

Les Commissaires généraux près l'Exposition universelle de : Bolivie, Brésil, Chili, Costa-Rica, Honduras, Équateur, Haïti, Mexique, Paraguay, etc.;

Les représentants de la presse : le *Temps*, le *Matin*, l'*Événement*, les *Débats*, le *Figaro*, le *Petit Journal*, le *Gaulois*, l'*Écho de Paris*, le *Soir*, l'*Intransigeant*, la *Géographie*, la *Revue Sud-Américaine*, la *Revue Diplomatique*, le *Nouveau-Monde*, l'*Agence Havas*, etc. ;

MM. le comte de CAMONDO, le comte de MAZEWSKI, le baron SALVADOR, le général TURR, de SANTA-ANNA-NÉRY, WUNDERLY, J. GAFFRÉ, H. FERNOUX, etc.

La fête fut des plus brillantes. Nous ne croyons pouvoir mieux faire que de résumer les toasts retentissants qui la terminèrent.

M. S. de HÉRÉDIA, d'abord, après avoir manifesté le regret que ressentaient la société parisienne et le monde politique du départ du colonel Diaz, faisait ressortir la haute importance de cette manifestation.

Cette manifestation improvisée en votre honneur, mon cher Ministre, nous sert à affirmer l'union vraiment indissoluble de la France et des Républiques Sud-Américaines.

J'estime, en effet, que tout divorce entre nous est désormais impossible. Nous avons le souvenir encore tout vibrant des manifestations si sympathiques et si cordiales que vous avez prodiguées à la France, lors de la grande Exposition universelle. *(Applaudissements.)*

Et puis, ne sommes-nous pas unis par des affinités de race et d'esprit, par des intimités politiques fondées sur un égal amour de la liberté et sur une passion également généreuse pour le Droit, pour la Justice et pour la Fraternité des peuples? *(Vifs applaudissements.)*

Nous vivons dans un siècle qui n'est pas seulement un siècle de théories humanitaires, mais qui est aussi un siècle de travail, un siècle voué aux progrès économiques. Eh bien, j'estime qu'il y a pour la France nécessité et profit à se mettre de plus en plus en rapport avec les peuples que vous représentez. Il faut qu'il existe désormais entre nous un courant de plus en plus intime, répondant aux nécessités grandissantes du commerce et de l'industrie. Les représentants de notre monde de travail n'ont plus à hésiter. Il leur faut se mettre en rapports incessants avec vos Républiques. Ils ont pour devoir, vos sympathies leur étant acquises, d'installer notre drapeau français au milieu de vos jeunes cités, en face des concurrences qui deviennent formidables.

L'Amérique du Nord prépare en ce moment même la plus grande révolution économique de ce temps. Si la vieille Europe n'y prend garde, elle est irrémédiablement ruinée. Mais notre attention est éveillée, et je suis absolument convaincu que, si des efforts sérieux sont tentés par nos commerçants et par nos industriels français contre les théories économiques qu'on veut faire prévaloir dans l'Amérique du Nord, nous vous aurons certainement comme alliés. Il n'est pas possible que vous vous laissiez réduire à l'état de consommateurs taillables et corvéables à merci.

L'Union Latine Franco-Américaine, qui a l'honneur de vous recevoir ce soir, a été créée précisément pour constituer ici, au milieu de notre chère France, un centre d'action utile, un Conseil supérieur de direction au profit, non seulement des intérêts matériels dont je viens de parler, mais aussi des grands intérêts moraux qui nous sont communs. *(Vifs applaudissements.)*

M. le colonel Diaz se leva alors, et, après avoir remercié M. S. de Hérédia de ses éloquentes paroles :

En m'éloignant de ce Paris, qu'on n'oublie jamais, dit-il, ce n'est pas le regret d'une séparation banale que j'éprouve. Depuis 1782 que je réside ici comme représentant diplomatique de la République de l'Uruguay, j'ai pu apprécier à leur juste valeur les grandes qualités de ce peuple français, si généreux, si hospitalier, toujours ouvert aux nobles sentiments, toujours épris de ce qui est grand et beau. Avec de telles qualités, Messieurs, vous captivez tous les étrangers qui ont le bonheur de vous fréquenter et d'habiter ce Paris magnifique qui s'impose aux sympathies universelles. *(Vifs applaudissements.)*

Je remercie l'éminent Président de l'Union Latine Franco-Américaine; je remercie en lui l'homme politique et l'ami privé. Je remercie ces commerçants qui, les premiers, ont traversé les mers pour aller créer des relations entre l'Ancien et le Nouveau-Monde. Ils ont été les pionniers de cette grande industrie française, et ils sont dignes de toutes les sympathies de ceux qui s'intéressent au développement du commerce français. *(Applaudissements.)*

Les sympathies que la France ressent pour les jeunes États américains sont réciproques. Ceux-ci saisissent avec empressement toutes les occasions de les exprimer. Les Expositions de 1878 et de 1889 le témoignent aisément. Toutes les Républiques américaines s'y sont en effet associées, sans aucune hésitation. Le succès de ces deux grandes entreprises a dépassé toutes vos espérances, et l'Amérique entière a salué ce triomphe pacifique de votre industrie, de votre art et de votre commerce. C'est vous dire, Messieurs, que les grands débouchés de l'Amérique vous appartiennent, et que, malgré les sollicitations d'autres puissances industrielles qui veulent mettre en échec l'industrie européenne, vous êtes encore et vous serez longtemps les maîtres de nos grands marchés. *(Applaudissements.)*

Faut-il en conclure que vous n'avez plus rien à faire? Non, bien au contraire. Je vous engage, à titre d'ami sincère et très dévoué de la France, à travailler encore, à travailler toujours, pour agrandir vos relations commerciales avec le Nouveau-Monde. Dans les pays latino-américains, vous avez pour vous le concours assuré et puissant des sympathies que votre noble patrie a su se créer. Là, le triomphe vous sera facile. Tout vous y favorise, et la communauté de race et la similitude des institutions politiques, qui doivent nécessairement faciliter les échanges internationaux.

Je souhaite que l'*Union Latine Franco-Américaine* soit bientôt en possession des éléments matériels indispensables à toute association et des ressources nécessaires pour faciliter et encourager les nouvelles études et les entreprises tendant à consolider la grande union des races latines.

Je lève mon verre au grand succès de l'*Union Latine Franco-Américaine*, à la prospérité et à la grandeur de la France. *(Applaudissements prolongés.)*

Le baron de Almeda, Ministre de la République Dominicaine, porta ensuite le toast suivant :

J'aurais voulu exprimer les regrets que nous cause le départ de mon collègue, le colonel Diaz, ainsi que les sentiments d'affection qu'il nous a toujours inspirés. Notre honorable Président s'en est éloquemment chargé. Je n'y reviendrai donc point.

Messieurs, je crois que M. de Hérédia s'alarme à tort, au sujet du congrès de Washington. Les États latino-américains connaissent bien leurs intérêts, et jamais ils ne se rallieront à une union douanière où ils auraient tout à perdre et rien à gagner. *(Nombreux applaudissements.)*

Du toast porté par le général Turr, nous reproduisons cette spirituelle boutade :

Quant aux Républiques latines de l'Amérique du Sud, je les félicite d'avoir le bonheur d'être jeunes. J'en causais naguère avec un ministre, et nous disions que vous étiez *les bébés des nations. (Rires.)* En effet, vous avez soixante-dix ans à peine. *(Nouveaux rires.)* Qu'est-ce que cela auprès de nous, auprès de la vieille Europe? Nous sommes en effet à notre déclin et ne savons quel avenir nous est réservé. Mais vous, qui commencez à peine, vous avez toutes les chances. A peine êtes-vous nés, vous trouvez immédiatement chemins de fer, électricité! *(Rires.)* Quant à nous, nous avons marché à pied, ou nous avons été dans de mauvaises voitures que nos ancêtres ne connaissaient même pas. *(Nouveaux rires.)*

On ne cesse de nous répéter les mots de *machines*, de progrès; tout à l'heure encore notre Président a dit que la France fera tout son possible pour lutter. Ah çà, mais qui pourrait mieux lutter que vous ? Vous avez chez vous dix fois plus de place que nous. Nous, nous sommes trop pleins. *(Rires.)* Votre pays est cinq fois plus grand que l'Europe, et votre population n'est que la moitié de la sienne. Vous pouvez donc encore vivre des siècles pour arriver à ce trop plein dans lequel nous nous débattons.

Soyez amis du travail, du progrès, et vous irez loin! Je vous souhaite, à vous Américains, de mieux marcher que nous. *(Rires.)* Et si jamais un malheur nous arrivait, venez un peu à notre aide, comme nous l'avons fait pour vous. *(Double salve d'applaudissements.)*

M. le docteur Bétancès, dans un dernier toast, fit ressortir l'utilité qu'il y aurait, au profit de l'union plus étroite des Français et des Américains, d'installer à Paris un collège latino-américain.

C'est là un projet qui pourra être réalisé et que mettra certainement à l'étude la Société de l'*Union Latine Franco-Américaine.*

IX

OPINION DE DIVERS ORATEURS SUR LE PROGRAMME DE L' « UNION LATINE FRANCO-AMÉRICAINE » (*SUITE*)

Banquet offert à S. Exc. DON RAMON FERNANDEZ, Ministre du Mexique (1890). — Discours de MM. **S. de Hérédia, Cousté,** Président de la Chambre de Commerce de Paris, **Jules Simon,** Sénateur, **Ribot,** Ministre des Affaires étrangères, **Ramon Fernandez.**

Le banquet offert, dans les grands salons de l'Hôtel Continental, à S. Exc. Don Ramon Fernandez, Ministre du Mexique, eut cette signification importante, que le Ministre des Affaires étrangères de France, M. Ribot, vint prendre officiellement part à la fête de l'*Union Latine Franco-Américaine.*

M. S. de Hérédia présidait, ayant à ses côtés M. Ribot, Ministre des Affaires étrangères, et l'illustre orateur Jules Simon.

Il y avait, comme au précédent banquet, affluence des mêmes personnages plus haut nommés; mais de nombreuses et nouvelles adhésions de hautes personnalités du monde politique, parlementaire, administratif et financier étaient parvenues à l'*Union Latine Franco-Américaine.*

Nous citerons quelques noms : MM. ALLÈGRE, Sénateur de la Martinique. — ALPHAND, Directeur des Travaux de la Ville de Paris. — Armand BÉHIC, Président de la Société des Forges et Chantiers de la Méditerranée et des Messageries maritimes. — BERGER, Vice-Président du Comptoir national d'Escompte. — BROCHETON, banquier. — CHABRIER, Administrateur délégué de la Compagnie générale Transatlantique. — CHRISTOPHLE, Gouverneur du Crédit foncier, Député. — DENORMANDIE, Président du Comptoir national d'Escompte. — DONON, Président de la Société de Dépôts et Comptes courants. — DUTILLEUL, Président du Conseil d'administration de la Banque de Paris et des Pays-Bas. — ÉTIENNE, Sous-Secrétaire d'État des Colonies. — FOULD, Président de la Société des Chargeurs-Réunis. — GERVILLE-RÉACHE, Député de la Guadeloupe. — GUILLOTIN, Président du Tribunal de Commerce de Paris. — HURARD, Député de la Martinique. — ISAAC, Sénateur de la Guadeloupe. — L'amiral de JONQUIÈRE, de l'Institut.— Mgr LABELLE, Ministre de l'Agriculture à Québec (Canada). — Denis de LAGARDE, Ingénieur, ancien Attaché technique à l'ambassade de France à Madrid. — LEVASSEUR, de l'Institut. — LEVEL, Directeur de la Compagnie des Chemins de fer économiques. — MEURAND, Président de la Société de Géographie commerciale. — O. NOEL, Professeur à l'École des Hautes Études commerciales. — PASTEUR, de l'Institut. — PEGHOUX, Administrateur des Dépôts et Comptes courants. — PEREIRE, Président de la Compagnie générale Transatlantique. — PRA, Président de la Chambre syndicale des négociants-commissionnaires. — Raoul-Duval, Régent de la Banque de France. — Réaux, Député de la Guadeloupe. — Rodanet, Président de la Chambre syndicale de l'horlogerie. — Général Rousseau, Secrétaire général de la Légion d'honneur. — Léon Say, de l'Institut, ancien Ministre. — G. de Soubeyran, Député, Président de la Banque d'Escompte. — Th. Villard, Ingénieur, etc., etc., etc.

Rarement fête plus brillante a été donnée dans les salons du Continental, où, pendant tout le repas, se fit entendre la musique de la Garde républicaine.

Les toasts, cette fois encore, furent des plus remarquables.

M. S. de Hérédia, Président, prit le premier la parole :

Messieurs, l'Union Latine Franco-Américaine, dont j'ai le grand honneur d'être le Président, n'a pas été fondée pour un autre motif que celui d'établir entre les peuples latins des deux Mondes une union complète et indissoluble. Notre programme, vous le connaissez : nous avons songé à créer de toutes pièces un plan, je ne dirai pas de réformes, mais d'action politique, économique, industrielle et morale, qui pût établir entre tous ces peuples d'origine commune des relations de plus en plus étroites, et cela au grand bénéfice des idées de civilisation générale. *(Applaudissements).*

Nous avons la prétention de faire plus encore. A côté des questions purement théoriques, purement politiques, il existe des questions d'ordre commercial et industriel qui doivent nous inquiéter. Il importe d'établir, entre nos intérêts français et ceux de l'Amérique, une intimité absolue. Des efforts ont déjà été tentés en ce sens, en concurrence avec ceux de certains pays voisins. Nous pouvons espérer un succès complet pour nos tentatives généreuses. J'ose affirmer que la voix de la France sera entendue par delà l'Atlantique. Elle dit à ces jeunes nations : « Je suis avec vous, je suis disposée à seconder vos efforts. » Qui donc oserait douter de sa parole ? Nous avons d'ailleurs trouvé, dans ces derniers temps surtout, des sympathies ardentes de leur part. Elles sont de nature à nous encourager. J'ai ici, à côté de moi, un homme qui représente de la façon la plus autorisée les intérêts français. M. le Président de la Chambre de Commerce de Paris vous dira tout à l'heure les désirs ardents de nos industriels, les sympathies de nos commerçants et les bonnes volontés de nos capitalistes. Je lève mon verre et je bois à la propagande incessante de nos idées communes, à l'union permanente qui doit exister entre la France républicaine et toutes les républiques de l'Amérique du Centre et de l'Amérique du Sud. Je bois à l'Union Latine Franco-Américaine. *(Applaudissements répétés.)*

M. Cousté, Président de la Chambre de Commerce, s'exprima dans les termes suivants :

Messieurs,

Vous m'avez fait l'honneur de m'inviter au banquet international offert à Son Excellence Don Ramon Fernandez, Envoyé extraordinaire et Ministre plénipotentiaire des États mexicains en France.

Je me suis rendu avec plaisir à votre invitation, et, au nom de la Chambre de Commerce de Paris que je suis fier de représenter au milieu d'hommes si considérables, j'adresse à l'Union Latine Franco-Américaine mes plus vifs et mes plus sincères remerciements.

La Chambre de Commerce ne pouvait rester étrangère à une fête donnée à l'occasion de la croix de commandeur décernée par le Gouvernement français à Son Excellence Don Ramon Fernandez, le si digne représentant d'un pays dont les affinités de race, de goût, de tempérament tendent de plus en plus au développement de communes sympathies.

Cette haute distinction accordée au Ministre du Mexique, dont le concours intelligent et dévoué a contribué au succès de notre Exposition de 1889, constitue un lien de plus entre les deux pays ; aussi la France industrielle, commerçante et libérale, a-t-elle applaudi de grand cœur à cette juste récompense.

La production de notre pays, Messieurs, augmente chaque jour, et chaque jour aussi il lui faut des débouchés nouveaux pour le placement de ses produits. Les contrées encore vierges de l'Amérique centrale et de l'Amérique du Sud, d'une richesse incomparable, n'offrent-elles pas à la France toutes les matières premières dont elle a besoin pour sa fabrication ?

Amérique latine et France, nous avons donc des intérêts communs qui nous poussent à nous rendre solidaires les uns des autres; aussi devons-nous désirer et entrevoir le développement de nos relations commerciales.

Ce banquet, si cordial d'ailleurs, représente à mes yeux le grand banquet du travail.

C'est au nom de tous les hommes de travail, de tous les chefs autorisés de l'Industrie, du Commerce et de la Finance, que je lève mon verre et que je bois à l'Union Latine Franco-Américaine ! *(Vifs applaudissements.)*

C'est à ce même banquet que M. Jules Simon prononça un de ses meilleurs discours. Nous ne résistons pas au plaisir de le reproduire en entier :

Messieurs, mon ami M. de Hérédia a, tout à l'heure, parlé de toutes les questions qui peuvent être agitées dans cette réunion et (M. Cousté vient d'y insister particulièrement, avec l'autorité qui lui appartient et qui appartient à la situation dans laquelle il a été placé par le commerce de Paris) de la partie d'affaires, de la partie commerciale, des relations qui existent et doivent exister de plus en plus entre les races latines.

Voulez-vous me permettre, parce qu'il faut toujours se rapprocher autant que possible de sa spécialité, de parler d'un lien que nous avons en commun ? Quand nous disons : « Les races latines », pour nous désigner, nous employons un mot qui rappelle une langue, et cette langue, nous avons la prétention de dire que c'est, en quelque sorte, la langue commune de l'humanité, la langue dans laquelle, depuis trois mille ans, les plus grandes idées civilisatrices ont été exprimées avec une telle force et une telle majesté qu'il est impossible à ceux qui ont été nourris de cette langue et de cette belle doctrine de se rappeler les pensées sans se rappeler en même temps les expressions dans lesquelles elles ont été formulées. *(Applaudissements.)*

Et, parmi nous, ceux surtout qui sont arrivés à un âge très avancé, en prononçant les mots de cette langue, se rappellent les premières impressions de la jeunesse. *(Applaudissements.)*

Ils retrouvent la jeunesse elle-même, avec tous ces souvenirs de l'antiquité et toutes ces belles œuvres poétiques dont notre enfance a été abreuvée et nourrie. *(Applaudissements.)*

De même les nations, les vieilles nations comme la France, aiment à se rappeler ces origines et se retrouvent jeunes encore quand le langage de l'humanité encore jeune résonne à leurs oreilles avec toutes les maximes du droit éternel. *(Applaudissements.)*

Nous étions en Europe un certain nombre de peuples que nous aimions malgré nous, et les dissentiments ne pouvaient pas durer, quand il nous arrivait d'en avoir. Et qui sait pourquoi venaient ces dissentiments ? A une époque où j'étais un peu mêlé aux affaires *(Rires)* nous avons failli être brouillés avec l'Italie à propos des chapeaux de paille *(Rires)*, et je me rappelle encore les conversations que j'avais avec mon ami Cialdini pour éloigner ce fantôme qui menaçait d'engloutir l'alliance franco-italienne. Mais les chapeaux de paille avaient beau s'en mêler, les affaires avaient beau intervenir, quand il nous arrivait, à lui de parler italien, à moi de lui répondre un mot latin, nous étions comme de vieux citoyens d'une province ancienne qui, un jour, se rappellent quelques mots du patois originaire et, en l'entendant, ne peuvent plus croire qu'ils sont ennemis et se souviennent qu'ils sont frères. *(Applaudissements.)*

Et les nations dont je vous parle, Messieurs, je pourrais vous les nommer : il y en a trois grandes et quelques petites que nous aimons aussi tendrement, et ce n'est pas seulement dans les deux péninsules que vous connaissez : en allant jusqu'aux Balkans, nous trouvons encore des gens d'origine latine, et plus latins peut-être que les autres, puisqu'ils parlent la langue même du pays.

Nous en étions là il y a quelques années, et quand nous pensions à des pays éloignés de l'Europe, il faut que je vous l'avoue, je vous le dirai sincèrement, l'Amérique, pour nous, après avoir été le Canada, c'était l'Amérique du Nord, et nous y pensions comme à la République fraternelle; dans ce temps-là, nous rêvions d'être nous-mêmes une république et enfin nous disions: Il y a là un modèle. Ce modèle, ce n'était pas un modèle de race latine. Nous aurions voulu qu'il le fût. Il n'y a que quelques années (telle est notre ignorance en géographie) *(Rires)*, il n'y a que quelques années que le rideau s'est levé et que nous avons aperçu, dans le Nouveau-Monde, la plus chère moitié du Nouveau-Monde, je dirai celle qui nous appartient: la partie latine, Messieurs. *(Applaudissements)*.

Et alors nous avons vu, de l'autre côté des flots, comme une autre nation française, issue comme nous de la même souche, parlant originairement la même langue, ayant les mêmes sentiments dans le cœur et les mêmes idées dans l'esprit *(Applaudissements)*, et alors nous nous sommes demandé comment, pendant tant d'années, des mains faites pour se serrer étaient restées éloignées les unes des autres. Le rapprochement s'est fait. M. de Hérédia nous dit qu'il sera durable. Je le crois bien! Comment voulez-vous vous séparer, puisque vous êtes des frères issus d'une mère commune? L'avenir est peut-être à nous, et j'en atteste le passé de l'humanité: comme nous sommes sortis de la même souche, nous arriverons au même but, et comme nous avons conduit l'humanité dans ses premiers développements, c'est nous peut-être encore qui la conduirons au but final vers lequel elle doit tendre. C'est cet avenir, Messieurs, que je salue à l'avance. C'est vous qui êtes jeunes qui travaillerez à l'amener. Pour moi, je n'en aurai vu que l'aurore; mais je veux sortir de la vie en pensant que ce que j'ai toujours regardé comme contenant de l'éternité dans sa substance, c'est-à-dire la civilisation gréco-latine, n'a pas été un accident passager dans l'histoire; que ces belles langues sont la vraie langue de la pensée humaine; que ces sentiments sont les vrais sentiments sur lesquels il faut se fonder, et que cette civilisation est, en effet, la civilisation véritable. *(Applaudissements.)*

Messieurs, ce qui est une aurore pour moi, ce sera une certitude pour vous, et me rappelant les paroles de M. de Hérédia tout à l'heure, quand il disait que vous faisiez déjà une éducation internationale, j'ose dire que, par ce moyen-là et par les agapes fraternelles que vous instituez ici, et par les relations quotidiennes que vous avez entre vous, vous aurez coopéré grandement à l'œuvre de l'identification et du triomphe définitif des races latines. C'est à cet avenir, Messieurs, que je bois avec une passion profonde pour la vérification de mon rêve, qui n'est pas un rêve, qui est une espérance fondée déjà sur des réalités.

Je vois ici, à côté de moi, M. Ramon Fernandez. Eh bien, il a occupé les loisirs que lui donne la représentation de son pays à écrire un livre qui est la description de la France, description minutieuse, exacte, scientifique, et j'ajoute : description sympathique. *(Applaudissements.)*

Cet homme aime la France comme s'il était un Français. *(Applaudissements.)*

C'est pourquoi il appartient à juste titre à l'Union Latine Franco-Américaine. *(Applaudissements.)*

Messieurs, je bois à M. Ramon Fernandez, à mon ami de Hérédia, président de votre Association, à votre Association et à la réalisation de ses vœux. *(Salve prolongée d'applaudissements.)*

C'est à ce moment que le héros de cette fête, Don Ramon Fernandez, prit la parole :

Messieurs,

Les échos de cette réunion iront, comme les sentiments qui l'ont produite, plus loin que cette enceinte. Soyez sûrs, Messieurs, que la France peut compter sur la vraie confraternité de la nation mexicaine, dont les erreurs d'une dynastie n'ont pu altérer l'attachement.

Si nous sommes redevables à notre mère-patrie de ses tra-

4

ditions glorieuses et de la belle langue de Cervantès, nous devons à la France les idées immortelles de liberté et de progrès. Puisque nous tenons de deux nations latines notre être intellectuel et moral, nos idées politiques et sociales, est-il étonnant que nous soyons restés Latins avant tout?

Tout le monde peut constater aujourd'hui l'étonnante vitalité de notre peuple et les merveilleux progrès qu'il a réalisés dans ces quatorze dernières années, sous les gouvernements de M. le général Porfirio Diaz et de M. le général Manuel Gonzalez, deux glorieux défenseurs de l'indépendance de leur pays et deux amis sincères de la nation française.

Bien que je ne veuille pas faire ici une leçon de statistique, je ne puis m'empêcher de vous rappeler que le Mexique, qui n'avait, en 1878, que 400 kilomètres de chemins de fer, en possède actuellement 8.000 kilomètres en pleine exploitation et qu'il en aura, avant peu de temps, 12.000 kilomètres. Il a un réseau télégraphique et téléphonique de 45.000 kilomètres. La dette publique, il y a encore huit ans, y était cotée 14 p. 100; elle a atteint, ces derniers jours, le chiffre élevé de 97 p. 100. Le dernier emprunt mexicain en Europe a été couvert quatre-vingt-deux fois! Les recettes du Trésor fédéral ont doublé dans l'espace de sept années. Ces chiffres parlent plus haut que les plus belles phrases sur les progrès étonnants accomplis par le Mexique dans cette même période.

Je m'arrête et je remercie encore une fois toutes les personnes qui ont bien voulu s'associer à cette manifestation. Je serai heureux de transmettre à mon Gouvernement tous vos témoignages de sympathie; et soyez sûrs que le chef de la nation mexicaine saura les apprécier à leur haute et juste valeur.

C'est en son nom que je propose un toast au Président de la République française et, comme je ne saurais manquer aux traditions de galanterie de cette race espagnole de laquelle nous descendons, nous, Mexicains, je vous propose de porter aussi un toast à la noble compagne qui partage, avec le chef de l'État, les soucis de la représentation nationale : A M. et à Mme Carnot! A la prospérité de la France! A la confraternité des peuples civilisés! A l'union inébranlable de tous les peuples latins!

La série des toasts se termina par celui de M. Ribot, Ministre des Affaires étrangères.

Messieurs, je tiens tout d'abord à remercier M. Ramon Fernandez du toast gracieux qu'il vient de porter à M. le Président de la République et à Mme Carnot, avec l'éloquence et, comme il l'a dit lui-même, avec la galanterie espagnole. *(Applaudissements.)*

Que vous dirai-je, après les discours éloquents que vous venez d'entendre? J'ai tenu à m'asseoir à votre table, ne fût-ce que quelques instants, pour m'associer à l'expression de vos sympathies, qui s'adressent non pas seulement au représentant d'une République amie, mais aussi à la personne de M. Ramon Fernandez. *(Applaudissements.)*

Le Gouvernement français a été heureux de reconnaître, par une haute distinction, le concours qu'il a bien voulu prêter à l'organisation de la grande fête de l'Exposition universelle. Quel beau voyage M. Ramon Fernandez et ses collègues nous ont fait faire dans ce Champ-de-Mars, où vous avez vu toutes les merveilles de la civilisation, s'épanouissant de jour en jour, de ces républiques du Nouveau-Monde qui ont devant elles un avenir si plein de promesses, de ces républiques jeunes, pleines de sève, dont l'essor, je puis le dire, excite l'admiration du monde entier! *(Applaudissements.)*

Ce n'est pas seulement au Champ-de-Mars que nous devrions et que nous voudrions faire ce voyage, et, puisque tout Ministre a devant lui la promesse de loisirs plus ou moins prochains *(Rires)*, je ne dis pas qu'un jour ou l'autre je n'entreprendrai pas, à mon tour, une pérégrination à travers ces républiques. Aujourd'hui, le métier de Ministre des Affaires étrangères est devenu tellement compliqué, permettez-moi de vous le dire, qu'il lu faudrait, pour être en mesure de remplir toutes ses obli-

gations, avoir parcouru le monde entier. Comme vous le disait tout à l'heure M. Jules Simon, ce n'est pas seulement la diplomatie, l'ancienne diplomatie qu'il faut savoir. Comment ignorer les questions ouvrières qui se sont agitées récemment dans cette Conférence de Berlin où M. Jules Simon a représenté la France avec tant d'éclat et d'autorité *(Applaudissements)*, et où il a rappelé avec éloquence tous les efforts qui ont été faits dans ce pays pour améliorer la situation des ouvriers et pour se rapprocher de cet état de justice et de fraternité dont on vous parlait tout à l'heure? *(Applaudissements.)*

Ne faut-il pas aussi connaître à fond les questions commerciales? Je suis bien sûr que M. le Président de la Chambre de Commerce de Paris sera de mon avis.

Est-ce que vous ne sentez pas tous la révolution qui se fait, jour par jour, dans les habitudes de la diplomatie, et ne voyez-vous pas que tout diplomate doit être aujourd'hui doublé, je ne dirai pas d'un commerçant, mais d'un homme qui a étudié à fond les besoins et les nécessités du commerce? *(Applaudissements.)*

On dira peut-être : Ce n'est pas la grande politique. Si, Messieurs, c'est la grande politique, parce que c'est la politique du XIXe siècle : ce n'est pas la politique des conquêtes, la politique de la guerre; c'est la politique du travail, c'est la politique des nations modernes qui rivalisent entre elles d'efforts pacifiques, c'est la politique de l'avenir, et voilà pourquoi, de jour en jour, la diplomatie se pénètre de plus en plus de la nécessité de fournir au commerce toutes les indications, tous les renseignements, tous les appuis dont il a besoin. Il ne dépendra pas de moi, Messieurs, qu'elle ne s'acquitte complètement de cette mission et qu'elle ne tienne à honneur d'ajouter quelque chose à l'œuvre déjà considérable qui a été faite dans ce sens. *(Applaudissements.)*

C'est ainsi, Messieurs, que je comprends, à l'heure où

nous sommes, les devoirs d'un Ministre des Affaires étrangères. *(Applaudissements.)*

Il me reste à remplir une tâche bien agréable. M. Ramon Fernandez a bu à la République française dans la personne de son Président : je vous propose de boire à la République du Mexique et à toutes les Républiques des deux Amériques qui sont ici représentées. *(Vifs applaudissements.)*

X

RÉSUMÉ : LE VÉRITABLE RÔLE DE « L'UNION LATINE FRANCO-AMÉRICAINE »

On voit, d'après son programme si nettement formulé par les hommes les plus autorisés, quelle place importante occupera l'*Union Latine Franco-Américaine* dans le monde du travail et des idées économiques.

Les fêtes qu'elle multipliera, les expositions sans cesse renouvelées qu'elle se propose d'organiser, aideront singulièrement son action et fortifieront son prestige. Elles seront un merveilleux instrument de propagande près des hommes qu'elle pourra réunir ainsi plus aisément autour de son drapeau. Elles faciliteront surtout les interventions utiles et fécondes de la Société dans les rapports commerciaux, industriels et financiers des deux continents.

Les hommes qui l'ont fondée entendent ne plus s'en tenir uniquement aux théories généreuses, aux promesses plus ou moins brillantes, aux discours plus ou moins retentissants.

Ils veulent entrer résolument dans la voie des applications pratiques.

Les jeunes États de l'Amérique latine offrent à notre industrie nationale, qui se heurte en Europe à des concurrences de plus en plus redoutables, des débouchés nouveaux et les éléments d'un immense trafic.

Mais les capitaux français s'y sont le plus souvent engagés à la légère, sans études préalables suffisantes, et sous l'inspiration trop exclusive de certains spéculateurs étrangers.

La Société nouvelle — et ce sera là son originalité — se propose d'installer chez elle, à l'usage de notre épargne nationale si fréquemment abusée, un centre de renseignements de premier ordre sur les ressources réelles, tant mobilières qu'immobilières, de chacune des nations américaines.

Forte des intimités internationales créées par elle, au cœur même de Paris, forte des concours financiers promis par divers grands établissements de crédit à ses études techniques et à ses combinaisons industrielles, l'*Union Latine Franco-Américaine* aura tout à la fois l'orgueil d'assurer à la

France une prépondérance légitime par delà l'Atlantique, et la joie d'offrir ici-même, aux jeunes Républiques Sud-Américaines, les ressources et les collaborations indispensables à leurs progrès indéfinis.

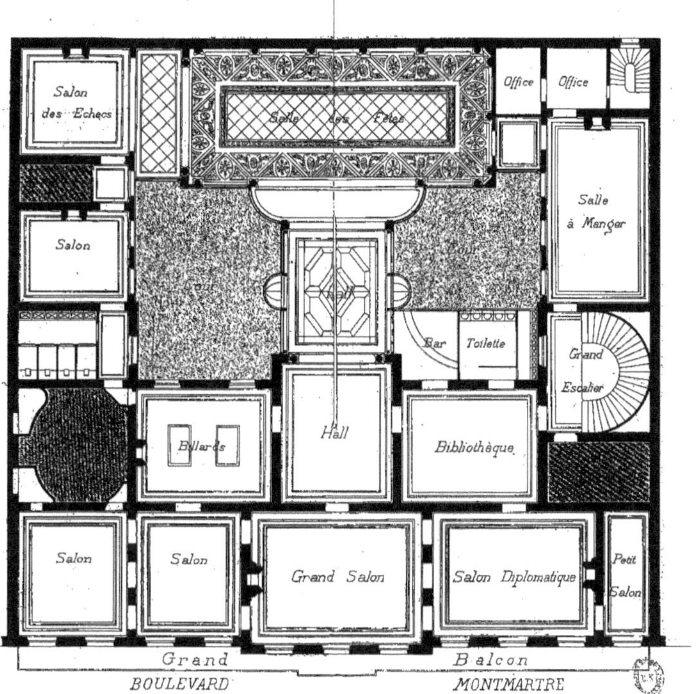

Plan général des installations du Grand Cercle.

Henri Fernoux, architecte.)

Vue de l'hôtel du GRAND CERCLE. — Façade sur le boulevard Montmartre, nº 16.

L'UNION LATINE FRANCO-AMÉRICAINE

Vue de la salle des Fêtes du GRAND CERCLE.

(HENRI FERNOUX, architecte.)

PARIS
LIBRAIRIES-IMPRIMERIES RÉUNIES
Rue Mignon, 2

MOTTEROZ

www.ingramcontent.com/pod-product-compliance
Lightning Source LLC
LaVergne TN
LVHW022035080426
835513LV00009B/1063

* 9 7 8 2 0 1 3 7 5 8 4 9 9 *